RECHERCHES

SUR

ANNÉE ÉGYPTIENNE

MÉMOIRE

LU A L'ACADÉMIE DES INSCRIPTIONS ET BELLES-LETTRES

Par M. A.-J.-H. VINCENT

MEMBRE DE L'INSTITUT.

PARIS

Vᵛᵉ BENJAMIN DUPRAT

LIBRAIRE DE L'INSTITUT, DE LA BIBLIOTHÈQUE IMPÉRIALE ET DU SÉNAT,
DES SOCIÉTÉS ASIATIQUES DE PARIS, DE LONDRES, DE MADRAS,
CUTTA, DE SHANG-HAI ET DE LA SOCIÉTÉ ORIENTALE AMÉRICAINE DE NEW-HAVEN ÉTATS-UNIS)
DE LA SOCIÉTÉ ORIENTALE DE FRANCE

Rue du Cloître Saint-Benoît (rue Fontanes), 7
Près le Musée de Cluny.

1865

RECHERCHES

SUR

L'ANNÉE ÉGYPTIENNE

MÉMOIRE

LU A L'ACADÉMIE DES INSCRIPTIONS ET BELLES-LETTRES

 M. A.-J.-H. VINCENT

MEMBRE DE L'INSTITUT.

PARIS

Vᵛᵉ BENJAMIN DUPRAT

LIBRAIRE DE L'INSTITUT, DE LA BIBLIOTHÈQUE IMPÉRIALE ET DU SÉNAT,

DES SOCIÉTÉS ASIATIQUES DE PARIS, DE LONDRES, DE MADRAS,
DE CALCUTTA, DE SHANG-HAI ET DE LA SOCIÉTÉ ORIENTALE AMÉRICAINE DE NEW-HAVEN ÉTATS-UNIS)
DE LA SOCIÉTÉ ORIENTALE DE FRANCE

Rue du Cloître Saint-Benoît (rue Fontanes), 7

Près le Musée de Cluny.

1865

Ce Mémoire, lu et discuté à l'Académie des inscriptions et belles-lettres, dans les séances du mois de juin 1865, a été inséré dans la *Revue de l'Orient* en vertu de l'autorisation de l'Académie.

A.-J.-H. V.

(*Revue de l'Orient*, livraison de juillet à septembre 1865.)

RECHERCHES

SUR

L'ANNÉE ÉGYPTIENNE

MÉMOIRE

LU A L'ACADÉMIE DES INSCRIPTIONS ET BELLES-LETTRES

(Séances de juin 1865).

Les nombreux travaux dont le calendrier des anciens Égyptiens a été l'objet jusqu'à ce jour ont établi ce fait désormais incontestable, que deux sortes d'années étaient connues en Égypte depuis une haute antiquité : l'une, de 365 jours sans intercalation, que les modernes ont qualifiée d'*année vague*, l'autre de 365 jours et *un quart* dite en même temps *année fixe*[1], et que les Égyptiens considéraient comme étant l'année naturelle. En effet, en prenant pour durée unitaire la période des levers héliaques de Sirius, il se trouvait que cette unité, un peu plus grande que l'année tropique, reproduisait l'année fixe de 365 jours $\frac{1}{4}$ avec un degré de précision suffisant pour que l'on ait pu, sans s'exposer à un seul jour d'erreur après plus de 3000 ans, identifier cette année fixe avec l'intervalle des retours du phénomène.

Maintenant, quel usage les Égyptiens ont-ils fait de chacune de ces deux sortes d'années ? de quelle manière et à quel degré chacune pénétrait-elle dans la vie civile et dans la

---

[1] Comp. Dodwell *Dissert. cypr.* append. § 7. — *It.*, Bainbrig. *Canicuaria*, lat. ed. J. Grav., cap. IV.

vie religieuse de ce peuple mystérieux? Questions difficiles et que nous ne pouvons espérer de résoudre avec vraisemblance (on n'oserait dire avec certitude), qu'en les attaquant par le seul côté où elles sont abordables, c'est-à-dire par les temps relativement modernes, et en prenant pour intermédiaires et pour interprètes les Grecs et les Romains, peuples qui, ayant connu [les Égyptiens, ayant vécu avec les Égyptiens, peuvent seuls avec autorité nous introduire auprès d'eux et nous répondre pour eux.

Il s'agit de la mesure du temps : c'est donc parmi les astronomes que nous devons chercher nos interprètes. Or, par un bonheur inappréciable, nous avons sous la main le continuateur d'Hipparque, du fondateur de l'astronomie : adressons-nous à lui; interrogeons Cl. Ptolémée.

Voici donc ce que Ptolémée, chap. II du 3ᵉ livre de sa *Grande composition mathématique*, nous dit de la longueur de l'année. Dans ce chapitre, il veut montrer que l'année tropique, c'est-à-dire le temps que met le soleil à revenir au même point de l'écliptique, est à peu près égale, un peu inférieure, à l'année fixe de 365 jours et *un quart;* voici les preuves qu'il en donne d'après Hipparque :

1° « L'équinoxe d'automne, dit-il (Almag., t. 1ᵉʳ,
« p. 153), est arrivé, dans la 17ᵉ année de la 3ᵉ période de
« Callippe¹, le 30ᵉ jour du mois de mésori, et dans la
« 33ᵉ année de la même période, par conséquent 16 ans
« après, il est arrivé le 4ᵉ jour des épagomènes.

« C'est, comme on le voit², 4 jours de différence pour
« 16 ans, ou un jour tous les 4 ans [ou enfin, un quart de
« jour par an].

2° « Dans la 32ᵉ année de la même période de Callippe,
« dit-il ensuite, l'équinoxe de printemps est arrivé le 27 du
« mois de méchir au matin, et 18 ans après, dans la 50ᵉ an-

---

¹ Période de 76 ans, au bout de laquelle le soleil et la lune se retrouvaient à peu près dans la même position relativement à la terre.

² J'abrége le discours, en m'arrêtant seulement aux circonstances qui nous intéressent.

« née de la même période, il a eu lieu le 1ᵉʳ jour du mois de
« phaménoth, vers le coucher du soleil.

« C'est 4 jours et demi de différence pour 18 ans, et par
« conséquent encore un quart de jour par an. »

Remarquons, avant d'aller plus loin, ces noms des mois égyptiens, la position variable des équinoxes dans ces mois, et cette valeur d'*un quart* de jour par an pour l'étendue de la variation et le retard constant du phénomène. Sans aller plus loin, on pourrait tout de suite conclure qu'il ne s'agit point ici de l'année naturelle, et que les mois dont nous trouvons les noms employés, sont bien les mois de l'année vague. — Mais poursuivons.

Ptolémée confirme ensuite ces observations d'Hipparque par les siennes propres, faites environ trois siècles plus tard; mais pour nous, ce qu'il importe uniquement d'y voir, c'est l'emploi constant de l'année vague à laquelle il les rapporte.

Ainsi (p. 161) : « dans la 178ᵉ année depuis la mort
« d'Alexandre, dit-il, l'équinoxe d'automne était arrivé à mi-
« nuit du 3ᵉ au 4ᵉ jour des épagomènes ; et 285 ans après,
« dans la 3ᵉ année d'Antonin qui est la 463ᵉ depuis la mort
« d'Alexandre, l'équinoxe d'automne arriva le 9ᵉ jour du
« mois d'athyr. Par conséquent, ajoute-t-il, en 285 *années*
« *égyptiennes entières*, c'est-à-dire de 365 jours chacune,
« ἐφ' ὅλοις αἰγυπτιακοῖς σπε ἔτεσι, τουτέστι τοῖς ἀνὰ τξε [ἡμέρας],
« l'équinoxe n'a mis en tout que 70 jours[1]... à revenir, au lieu
« de 71 qu'il aurait fallu si la durée de l'année (il parle ici
« de l'année tropique) était d'un quart de jour en sus [des
« 365 jours de l'année égyptienne]. »

De même pour l'équinoxe de printemps : Ptolémée, en en comparant les dates pour ces mêmes années, dit qu'il arriva le 27 du mois de méchir en l'année 178, et le 7 du mois de paschons en l'an 463 ; de sorte qu'il parcourut également 70 jours en 285 ans, au lieu de 71.

Ptolémée donne encore d'autres exemples du même genre,

---

[1] On néglige ici les fractions inférieures au *quart* de jour.

dans lesquels il discute des dates solsticiales. Mais ceux qui précédent suffisent pour mettre en évidence, chez cet auteur :

1° l'emploi exclusif dans les supputations, de l'année de 365 jours qu'il qualifie spécialement du titre d'*année égyptienne* ;

2° la connaissance déjà acquise au temps d'Hipparque, d'une année naturelle de 365 jours et *un quart* environ, à laquelle ce grand astronome s'était occupé, le premier à ce qu'il est permis de croire, d'apporter une correction. Mais Ptolémée, pas plus qu'Hipparque, n'a de nom à donner à cette période de 365 jours *un quart*, bien qu'elle serve, à l'un comme à l'autre, de terme de comparaison pour y rapporter la longueur de l'année tropique.

Dès une haute antiquité, l'on avait été amené à comparer la longueur de l'année *vague* de 365 jours avec l'année *fixe* de 365 jours *un quart* (employons ces expressions sans les discuter) ; et l'on avait constaté ce fait de simple calcul, que 1460 années fixes comprenaient identiquement 1461 années vagues. Dans une communication précédemment faite à l'Académie, j'ai cité (après bien d'autres auteurs) un célèbre passage de Censorin[1] qui établit ce point d'histoire. Nous en trouvons un autre témoignage dans Théon d'Alexandrie dont je citerai ici les paroles :

« Puisque, dit-il[2], l'année des Grecs ou d'Alexandrie,
« suivie chez nous[3], est de 365 jours *un quart*, et que celle
« des Égyptiens est de 365 jours seulement, il est évident
« qu'au bout de *quatre* ans l'année d'Alexandrie compte un
« jour de moins que l'année égyptienne, et qu'en 1460 ans
« elle compte 365 jours c'est-à-dire une année égyptienne
« de moins. Alexandrie et l'Égypte commencent ensemble
« l'année, les mois et les jours, à la manière d'Égypte, mais
« pour une année seulement ; et au commencement de l'an-

---

[1] *De die natali*, ex recens. Haverc., p. 96.
[2] *Tables manuelles*, éd. de Halma, t. I, p. 30.
[3] Depuis Auguste seulement.

« née suivante, les Égyptiens commencent à avoir un quart
« de jour d'avance; et ainsi de suite. »

Théon est entièrement d'accord avec Censorin; mais une circonstance essentielle dans laquelle diffèrent ces deux auteurs, est le point initial de la période. Suivant un autre texte de Censorin [1] que j'ai eu l'occasion de citer également, les deux sortes d'années avaient dû commencer ensemble par un 1ᵉʳ thot commun en l'an 1322 avant Jésus-Christ (— 1321 astronomique), pour se retrouver ensemble en l'an 139 de notre ère.

L'intervalle de ces deux dates a reçu, comme on le sait, le nom de *période caniculaire* ou *sothiaque*. Mais le commencement d'une tétraétéride quelconque, déterminé par le lever héliaque de Sirius, phénomène qui retarde d'un jour à chaque quatrième année [2], pouvait être pris pour commencement de la période; et la période une fois commencée, rien ne s'opposait à ce qu'on pût l'interrompre pour en adopter et en commencer une autre; et c'est ce qui se fit en l'an 5 d'Auguste, comme l'explique Théon d'Alexandrie dans l'endroit indiqué, en vertu d'un important décret dont malheureusement nous ignorons les détails et les circonstances, le texte n'en étant pas arrivé jusqu'à nous.

Au surplus, cette sorte de coup d'État dont nous trouvons la preuve dans le texte même de Théon, devient à son tour une preuve pour nous, qu'avant Auguste, l'année vague était seule, en Égypte, d'un usage habituel. On ne peut, à la vérité, douter que l'année fixe, par ses rapports nécessaires avec les phénomènes naturels, n'y fût parfaitement connue; mais tout indique que ses applications étaient restreintes aux travaux agricoles et aux solennités religieuses qui s'y trouvaient attachées.

Or on sait, par le texte cité de Théon d'Alexandrie [3], qu'en

---

[1] *Ibid.*, p. 115.
[2] Διὰ τετραετηρίδος περισσὴν ἡμέραν ἀριθμοῦσιν οἱ Αἰγύπτιοι. Hor. Apoll., I, 6.
[3] *Commentaire sur les Tables manuelles de Ptolémée*, Iʳᵉ part., p. 30, de l'édition de Halma.

l'an 5 d'Auguste, c'est-à-dire en l'an 25 avant Jésus-Christ (— 24 astronomique), année dans laquelle le 1er thot égyptien descendit du 30 août Julien sur le 29, l'année de 365 jours *un quart* fut officiellement établie à Alexandrie ce même jour, comme année civile, en concurrence toutefois avec l'année vague de 365 jours qui ne cessa pas (comme je l'ai déjà dit) d'être employée dans les calculs astronomiques.

Ainsi donc, à partir du 29 août de l'année — 24, ou 5e d'Auguste, jour où avait lieu le 1er thot égyptien, le temps fut officiellement divisé chez les Alexandrins, en tétraétérides ou périodes de quatre années dont les trois premières avaient 365 jours et la quatrième 366.

Pour faire comprendre les conséquences de cette institution, ainsi que la manière de l'appliquer aux usages civils, Théon se propose, à l'endroit cité (p. 31), de déterminer à quel jour de l'année égyptienne correspond le 22e jour de thot de l'année alexandrine en l'an 77 compté depuis le commencement du règne de Dioclétien ; et (circonstance nécessaire à noter) il ajoute aux conditions du problème, ces mots : « à l'onzième heure du jour [1] ». Or, pour résoudre la question ainsi posée, Théon débute par établir que, depuis le commencement d'Auguste jusqu'à celui de Dioclétien, il s'est écoulé 313 ans d'après le canon des rois. De ce nombre il retranche les 5 premières années du règne d'Auguste, et ajoute au résultat les 77 années de l'ère de Dioclétien. Il trouve ainsi 385, résultat identique à celui que nous trouverions nous-même en ajoutant ensemble ces trois nombres, savoir : les 24 années dont l'époque de la réforme précède l'ère chrétienne, les 284 de l'époque de Dioclétien [2], et 77 ans de son ère, ce qui reproduit la même somme 385. Cela fait, Théon prend le quart *en négligeant*, dit-il, *le reste de la division* : le quotient est 96, d'où 96 jours qui, comptés à partir du 22 thot de l'année égyptienne, conduisent au 28 choïack de cette même

[1] Ce qui correspond pour nous à 5 heures du soir.
[2] L'avénement de Dioclétien est compté du 1er thot ou 29 juillet de l'année chrétienne 284.

année. Mais il ajoute (comme nous le faisions pressentir tout à l'heure) qu'il faudrait compter *un jour de moins* si l'heure était donnée *avant midi*, parce qu'elle appartiendrait *au jour précédent :* c'est une remarque importante qui nous servira plus tard.

Avant d'aller plus loin, faisons ici une observation nécessaire : c'est qu'en prenant le quart du nombre des années, Théon dit qu'il faut *négliger le reste de la division :* d'où il suit que le résultat eût été le même pour les années de Dioclétien cotées 76, 77, 78 et 79, la première des quatre étant la seule qui ne donne pas de reste. L'année 80 eût produit un jour de plus ainsi que les trois suivantes ; et ainsi de suite. Or, les années 77, 81, 85.... de Dioclétien, comptées à partir de l'année 284 qui en est la première et qui est bissextile, sont elles-mêmes des années bissextiles. Par conséquent, c'est dans les années qui précèdent les bissextiles juliennes que le nombre des jours de la date égyptienne doit sauter et augmenter d'un jour ; et par conséquent, c'est dans ces années précédant les bissextiles, que l'intercalation alexandrine avait lieu, et cela à partir de l'année — 25 exclusivement. En d'autres termes, c'est dans l'année julienne — 21 que se trouve complétée la première tétraétéride du style alexandrin, et que par conséquent la première intercalation eut lieu.

Au reste, un fragment dû à l'empereur Héraclius [1], fragment publié pour la première fois par Dodwell [2] qui a soin d'en faire ressortir toute l'importance [3], puis repro-

---

[1] Dans le cours d'un autre fragment qui paraît faire corps avec celui-ci, se trouvent ces mots : τοῦ τρίτου ἔτους τῆς ἡμετέρας βασιλείας : et à ce propos on lit en note : ἔστι τὸ ἀπὸ κτίσεως κόσμου ͵ϛρκ. Or, l'an 6120 du monde suivant les Byzantins, est identique à l'an 612 de J.-C. ; et en outre Héraclius fut proclamé empereur en l'an 610.

[2] *Dissert. cypr. append.*, p. 132, e ms. Barocciano.

[3] *Ibid.*, p. 82 : Fragmentum nostrum commendabit, non imperatoris modo nomen, sed et ipsa ejus *antiquitas*. Nec enim puto extare computistam Constantinopolitanum nostro imperatore vetustiorem.

Cf. Du Cange, *Append. ad chronicon paschale*, scil. n° 21 ; *Methodus qua invenitur... in quem annum incidit bissextus. — Item* Fabric. ed. Harless, t. VII, p. 456.

duit par l'abbé Halma dans son édition des Tables manuelles [1], rend parfaitement compte du procédé d'intercalation. « Les Alexandrins, dit Héraclius, intercalent toujours
« dans l'année qui précède l'année bissextile romaine ; et
« alors, au lieu de placer leur premier thot 3 jours avant
« septembre [c'est-à-dire au 29 août], ils font commencer
« leur année un jour plus tard [2] [c'est-à-dire le 30 de ce
« même mois]. »

Il résulte de cet énoncé que, quand l'année julienne où l'on se trouvait précédait une bissextile, toutes les dates de l'année alexandrine commençante étaient reportées un jour plus tard dans l'année julienne, jusqu'à ce que l'on fût arrivé au 1er mars de celle-ci, date qui coïncidait toujours avec le 5 phaménoth, parce que le 29 février, en intervenant, mettait fin à l'exception et rétablissait la correspondance conformément à la marche des années communes. C'est ce qui arriva pour la première fois, comme on l'a dit, en l'an — 21 de notre ère, 8e d'Auguste. En cette année, qui précédait la bissextile — 20, le 1er thot alexandrin, qui était descendu au 29 août en l'an — 24, 5e d'Auguste, fut reculé au 30 août. Il redescendit ensuite au 29 dans les trois années suivantes pour reculer de nouveau jusqu'au 30 dans la quatrième ; et ainsi de suite alternativement, le 1er thot tombant trois fois le 29 août et une fois le 30, et la première des trois années consécutives où le 1er thot tombait le 29, étant l'année bissextile romaine.

Si nous voulions, d'après la même méthode, rechercher la date égyptienne vague de l'avénement même de Dioclétien, c'est-à-dire du 1er thot alexandrin, identique au 29 août de l'année julienne 284, nous n'aurions qu'à ajouter 24 avec 284. Le quart du résultat ou de 308 donne 77 jours ou 2 mois

[1] IIIe part., p. 104. — Cf. Ideler, dans Halma, p. 50 et 51.
[2] Dodwell remarque à cette occasion, que d'après les fastes de Théon, ce fait avait lieu dans l'année bissextile même ; mais cette remarque, autant que je puis la comprendre, me paraît être une distraction échappée à l'éminent chronologiste.

17 jours qu'il faut compter à partir du 1ᵉʳ thot, ce qui conduit au 18 athyr vague, identique au jour proposé.

Ce qui précède est bien suffisant pour donner la méthode à suivre toutes les fois qu'il s'agira de transformer une date rapportée à l'année fixe alexandrine, κατ' Ἀλεξανδρεῖς, de manière à la ramener à l'année vague ou égyptienne, κατ' Αἰγυπτίους. — Maintenant voici deux exemples du problème inverse, où Théon, prenant pour point de départ les dates de deux éclipses calculées suivant l'année vague, se propose de les rapporter à l'année alexandrine.

Ces exemples ont d'autant plus d'importance qu'ils viennent en preuve à l'exactitude de la concordance établie entre ces calendriers.

Le premier exemple est celui d'une éclipse de soleil que Théon dit avoir été observée à Alexandrie le 24ᵉ jour du thot vague de l'an 80 de Dioclétien [1].

Pour déterminer la date alexandrine du jour proposé, commençons par chercher la date vague du 1ᵉʳ thot alexandrin appartenant à l'an 80 de Dioclétien. A cet effet, additionnons les nombres 24, 284, et 80 ; nous avons 388 dont le quart, ou 97, produit 3 mois et 7 jours qu'il faut compter après le 1ᵉʳ thot : nous sommes conduits ainsi au 8 choïack vague pour le 1ᵉʳ thot alexandrin de l'an 80 de Dioclétien, jour identique au 30 août julien 363 : et nous disons le 30 août, non le 29, parce que l'année 363 précède une bissextile.

Cela posé, autant il y a de jours entre le 8 choïack vague et le 24 thot vague qui le suit, autant il en faut compter dans le calendrier alexandrin, à partir du 1ᵉʳ thot. Or, ce nombre de jours étant 291 [2], équivalant à 9 mois et 21 jours, nous nous trouvons ainsi conduits au 22ᵉ jour du 10ᵉ mois,

---

[1] *Tables manuelles*, édition de Halma, pag. 77 et suiv., et p. 160. — Recherches d'Ideler, *ibid*.

[2] Pour abréger le calcul, on peut chercher la distance du 8 choïack au 24 thot précédent, 74 jours, et prendre le complément à 365 ; résultat identique : 291 jours.

c'est-à-dire au 22 paÿni alexandrin, solution identique à celle de Théon.

Et en effet, la double date ici indiquée correspond au 16 juin de l'an 364 de notre ère, jour auquel eut lieu une éclipse totale et centrale de soleil [1].

Le second exemple que nous emprunterons à Théon, est celui d'une éclipse de lune qu'il dit être arrivée quelques mois plus tard, c'est-à-dire en l'an 81 de Dioclétien, le 6 phaménoth suivant les Égyptiens [2], date qu'il s'agit de rapporter au calendrier alexandrin.

Pour cela, remarquons d'abord qu'en l'an 81 de Dioclétien, le 1er thot alexandrin correspond au 8 choïack vague tout comme en l'an 80, puisque, d'après ce qui précède, c'est en l'an 79 de Dioclétien qu'a eu lieu l'intercalation ; mais, quant à la correspondance avec le calendrier julien, ce n'est plus le 30 août, mais le 29 qu'il faut prendre pour identique au 1er thot alexandrin.

Cela posé, il reste à compter, à partir du 1er thot, autant de jours qu'il y en a entre le 8 choïack et le 6 phaménoth suivant ; le nombre résultant, 88, nous conduit au 29 athyr alexandrin, ce qui est conforme à la solution de Théon.

En effet, la double date ici mentionnée est identique au 25 novembre julien ; or il y eut éclipse de lune dans la nuit du 25 au 26.

Pour compléter ces explications, je vais m'occuper maintenant de la célèbre question traitée dans une note du manuscrit 2390 de la Bibliothèque impériale, folio

---

[1] Voir les Tables de Pingré, dans l'*Art de vérifier les dates*, ou l'Histoire de l'Académie des Sciences pour l'année 1766.

[2] Théon, *Commentaire sur l'Almageste*, l. VI [a], pag. 293 et 294 de l'édition de Bâle (notée p. 284 par erreur de typographie). — Voir aussi les *Tables manuelles*, 1re part., pag. 90 et 91, et p. 162. — Il y a également une faute dans Halma, qui cite, à propos de ce passage, le livre IV au lieu du livre VI (Voyez sa *Chronologie de Ptolémée*, IIIe part., p. 54, des *Recherches historiques* d'Ideler *sur les observations astronomiques des anciens*).

[a] Il ne paraît pas que Halma ait traduit cette partie du commentaire de Théon.

154[1], note attribuée à Théon, et dont se sont occupés après Champollion[2], M. Biot[3], et M. Hase à sa sollicitation. — Suivant une opinion de M. Th. H. Martin qui n'est pas dépourvue de vraisemblance, l'auteur de cette note ne serait pas Théon ; mais, ne sachant quel nouveau nom lui donner, qu'on me permette, pour abréger, de continuer à le nommer comme le manuscrit et comme mes prédécesseurs.

Théon donc, ou l'auteur quelconque de cette note, se propose de déterminer la date alexandrine du lever de Sothis en l'an 100 de Dioclétien (c'est-à-dire 383 de J.-C.). Cette question est tout à fait analogue aux précédentes, car le lever de Sothis est censé coïncider avec le thot fixe, non pas cependant du calendrier alexandrin, mais de celui de la période sothiaque prise à partir de — 1321 ou plutôt de + 139. La question revient donc à chercher la date alexandrine à laquelle était parvenu le 1er thot fixe de la 2e période sothiaque en l'an 100 de Dioclétien, qui est une année intercalaire d'après tout ce qui précède.

Une réflexion qui se présente ici tout naturellement, eût permis à l'auteur du fragment d'abréger beaucoup son calcul en simplifiant la question. Cette réflexion a-t-elle échappé au prétendu Théon ? ou bien lui-même a-t-il obscurci le terrain de propos délibéré, et cherché des sentiers tortueux pour écarter la lumière ? ou bien encore, ce qui me paraît plus probable, n'a-t-il pas simplement, en exposant une règle usuelle et tout empirique, cherché à en donner la raison sans la comprendre lui-même ? Ce sont là, du reste, des questions que je n'ai point à examiner. Toujours est-il, en supprimant

---

[1] Champollion cite également le folio 333 du même manuscrit. C'est une erreur : le manuscrit n'a pas 300 feuillets. — Champollion renvoie à Larcher (Hérodote, t. II, p. 555) qui cite le manuscrit 1038 : c'est également une erreur.

[2] Lettres à M. le duc de Blacas : Lettre Ire, p. 100.

[3] Année vague, p. 22 (Acad. des Sciences, t. XIII, 1831) ; — *Recherches sur plusieurs points de l'astronomie égyptienne*, p. 363 ; Paris, 1823 ; — *Mémoire sur divers points d'astronomie ancienne et en particulier sur la période sothiaque*, p. 129 et suiv. (Acad. des Sciences, t. XX, 1843).

les détours de la route suivie par Théon ou son pseudonyme, que l'année égyptienne vague étant devenue fixe par le fait même de la réforme d'Auguste, si l'on détermine la date vague du lever héliaque de Sothis pour l'époque de cette réforme, cette date deviendra pour l'avenir la date constante alexandrine du phénomène. Or, depuis l'origine de la période sothiaque, en — 1321, jusqu'en l'an — 21 (année de la première intercalation alexandrine), il s'est écoulé juste 1300 ans, dont le quart est 325; nous avons donc 325 jours, ou 10 mois et 25 jours, pour le retard du phénomène sur le 1er thot de l'année vague, ou pour l'avance de celui-ci sur le phénomène; et nous nous trouvons ainsi conduits au 26 épiphi [1], résultat applicable à toutes les époques suivantes, de 4 en 4 ans, jusqu'à la date proposée. En effet, si nous comptons 325 jours à partir du 1er thot, nous tombons sur le 26 épiphi.

Mais au lieu de ce calcul si simple, que fait l'auteur de la note? Le procédé qu'il emploie revient à ceci: on commence par compter les années écoulées depuis Ménophrès... Ce nom est-il celui de la ville de Memphis ou celui d'un Pharaon? c'est une question qui n'est pas encore parfaitement éclaircie. Mais ce qui ne me paraît pas douteux, c'est que l'ère de Ménophrès nous reporte à l'année — 1321 astronomique. On compte donc, d'après le procédé de Théon, le nombre d'années écoulées depuis — 1321 jusqu'à *la fin [de l'ère] d'Auguste*, c'est-à-dire jusqu'à l'ère de Dioclétien, et l'on trouve 1605, nombre qui, pour nous, se compose des 1321 années ci-dessus énoncées, plus les 284 années de l'époque de Dioclétien, et à cette somme on ajoute 100, ce qui fait en tout 1705.

Alors, revenant en arrière, on retranche 409 années, lesquelles se composent des 284 et des 100 mentionnées plus haut, plus les 25 années comprises entre Jésus-Christ et la

---

[1] Le 1er thot vague tombant, en l'an — 22 (= 23 avant J.-C.), au 29 août, il s'ensuit que le 26 épiphi du calendrier alexandrin est identique au 20 juillet. En effet, du 29 août au 20 juillet suivant, il y a 325 jours.

réforme d'Auguste. (L'auteur du calcul fixe ce dernier point en retranchant 21, comme il le dit, d'une somme d'années qu'il ne désigne pas, mais qui est évidemment le nombre d'années écoulées depuis la réforme de Jules César jusqu'à l'époque proposée.) On trouve ainsi 1296, dont le quart est 324 (au lieu de 325), ce qui conduit au 24 ou au 25 épiphi suivant la manière de prendre le point de départ. L'auteur adopte la première; mais il ajoute 5 jours sans dire pourquoi, et en fin de compte il conclut à la date du 29 épiphi.

Or, quelle peut être la signification de ces 5 jours, et quel est le but de leur addition? C'est une question que M. Biot me paraît avoir résolue dans son mémoire de 1845 (p. 137) cité plus haut; et, bien que mes appréciations puissent différer des siennes à certains égards, je n'en regarde pas moins comme inattaquable au fond, la solution donnée au problème par ce maître si justement regretté.

On sait par la théorie comme par l'expérience, que le jour du lever héliaque de Sirius varie avec les latitudes: Ptolémée le fixe au 22 épiphi [1] pour le climat de 13 heures et demie qui est celui de Syène, et au 28 pour le climat de 14 heures qui est compris entre Memphis et Alexandrie [2], mais plus près de cette dernière ville que de la première: ce qui fait 6 jours [3] de différence pour la longueur totale de l'Egypte.

Le phénomène devait donc avoir lieu à Thèbes vers le 23 épiphi; et en supposant que l'observation officielle du lever héliaque de Sothis se fît dans cette dernière ville au temps de Dioclétien, il s'ensuivrait que les 5 jours ajoutés sans explication par l'auteur, représentent la correction à opérer sur la date officielle pour obtenir le lever effectif à la latitude d'A-

---

[1] Cf. l'Almageste, II, IV; le livre des *Apparitions des fixes* (récension de M. C. Wachsmuth), et Letronne, p. 17.

[2] D'après un scholie de Ptolémée[a], « les observations faites en Égypte « conviennent au climat de 14 heures ».

[3] Letronne a écrit 7 jours par une inadvertance évidente: car, du 22 au 28, dates extrêmes, il y a 6 jours et non 7.

[a] Halma, *Apparitions* (p. 53); Wachsmuth (p. 260).

lexandrie. A la vérité, les énoncés de Théon et de Ptolémée sont en discordance d'un jour; mais cette légère différence peut tenir à plusieurs causes. D'abord, l'énoncé de Théon doit s'appliquer spécialement à Alexandrie (du moins il est naturel de le penser), tandis que le climat de 14 heures n'a pas précisément pour limite le parallèle d'Alexandrie, comme je l'ai déjà dit, mais un autre parallèle plus élevé qui se rapproche de Memphis : de sorte que c'est vraisemblablement Memphis que Ptolémée doit avoir en vue quand il indique le climat de 14 heures, d'autant plusque l'on sait, par un précieux scholie d'Olympiodore[1] cité par M. Letronne (p. 39), que le lever officiel de Sothis avait été autrefois celui de l'observatoire de Memphis ; et c'est sans doute d'après celui-là que la période sothiaque avait été déterminée.

En second lieu, le désaccord des deux dates n'est peut-être qu'apparent : il pourrait tenir uniquement à la manière de compter les heures du jour. N'est-ce point aux heures temporaires et au jour usuel commençant le matin que notre fragment fait allusion ? Il est assez naturel de le penser dès qu'il s'agit d'un lever d'étoiles, surtout de l'étoile Sothis. Chez Ptolémée au contraire le jour est toujours compté astronomiquement : pour lui, ne l'oublions pas, le matin du 29 (voir plus haut, p. 9) appartient encore **au 28**.

Les témoignages des deux auteurs peuvent donc se concilier parfaitement, en disant que le lever de Sothis avait lieu à Alexandrie dans la matinée du 29 épiphi, matinée qui appartient encore au 28 dans l'usage astronomique.

Cette influence de la latitude sur le lever héliaque de Sothis, circonstance qui est, on le voit, de la plus haute importance, me ramène à la stèle de l'an 400, dans laquelle son heureux inventeur, M. Mariette, ne veut voir[2] « qu'une « question de chronologie historique et non de chronologie « mathématique ». J'oserai ne pas partager cette manière

---

[1] Olympiodore florissait en 565.
[2] *La stèle de l'an 400*, Revue archéolog., 1865, t. XI, p. 173.

de voir : je pense au contraire que la question mathématique est ici la question dominante, et qu'une fois résolue, elle pourra aider à son tour à résoudre la question historique.

Or, si je ne m'abuse, on possède aujourd'hui toutes les données nécessaires pour apporter à ce problème complexe, une solution aussi satisfaisante qu'on peut la désirer dans ces matières encore si obscures de l'aveu même de ceux qui ont le plus contribué à y porter la lumière.

« C'est la première fois », dit M. de Rougé dans sa lettre à M. Guigniaut sur l'inappréciable découverte du monument que je viens de rappeler [1], « c'est la première fois que la mention « d'une ère apparaît en Égypte ». Mais il ajoute aussitôt : « On voit que ce n'est point une ère égyptienne ». Or, quelque fondée que puisse être cette restriction au point de vue du savant auteur, l'ère en question n'eût-elle été employée qu'une seule fois, en un lieu déterminé, Tanis, et dans cette seule circonstance dont il faut deviner la nature, il n'en est pas moins vrai en fait que c'est une ère liée à l'histoire et au calendrier de l'Égypte, une ère formulée en termes essentiellement égyptiens; et l'idée ne pourra venir à personne que la date du 4 mésori, énoncée dans le texte, désigne un autre jour que le 4 mésori de l'année vulgaire égyptienne, telle qu'elle était usitée dans tout le reste de l'Égypte. La seule raison pour laquelle on pourrait lui refuser la qualité d'ère égyptienne serait donc qu'elle ne se réfère point comme de coutume à un pharaon régnant à l'époque de l'érection de la stèle. Mais cette circonstance peut au contraire conduire légitimement à une conséquence diamétralement opposée, si l'on observe que se trouvant dégagée de toute considération de personnalité, elle doit, par là même, se rapporter à quelque événement historique d'une importance hors ligne, tel par exemple que *la fin du règne des Pasteurs* : c'est M. de Rougé lui-même qui me suggère cet exemple (*ibid.*), que je suis

---

[1] *Rev. archéol.*, 1864, t. IX, p. 162.

prêt du reste à remplacer par tout autre qui satisferait mieux que celui-là aux données du problème.

Ainsi donc, en définitive, considérant les choses d'un point de vue un peu élevé, on ne saurait plus contester à l'ère de la stèle le caractère d'une ère éminemment égyptienne.

Au surplus, reprenons la question de plus haut, et, pour écarter toute discussion de mots, demandons-nous « ce que c'est qu'une ÈRE? » Il est clair en effet que si l'on ne commence par se mettre d'accord sur la définition du mot, on pourra discuter indéfiniment sans arriver à aucun résultat.

Or on peut, je pense, considérer *l'ère* comme un point, un instant pris dans la série des siècles, où doivent commencer et d'où doivent partir toutes les divisions du temps, dans le futur d'abord et tout naturellement, puis par extension et par supputation rétrospective ou proleptique, même dans le passé.

Si donc le temps a été pratiquement divisé en années, en saisons, en mois, etc., l'ère, quelle qu'elle soit, devra nécessairement servir de point de départ et de commencement à une certaine année, à une certaine saison, à un certain mois, qui seront chacun et respectivement la première année, la première saison, le premier mois de cette ère.

Maintenant, appliquons ceci au calendrier égyptien. Dans ce système de calendrier, on sait que l'année est divisée en trois saisons, représentées par autant d'hiéroglyphes dont chacun, au jour de l'année où son emploi succède à celui qui était en usage la veille encore, apporte avec lui le nom de

1er Thot. . . . . . .

1er Tybi. . . . . .

1er Paschons. . . .

Voilà un fait matériel indépendant de la signification des trois hiéroglyphes, signification que l'on avait cru solidement établie par les admirables découvertes de Champollion, mais sur laquelle des objections et des doutes ont été soulevés dans ces derniers temps. Je ne m'arrête point à discuter la valeur de chacune des opinions controversées, opinions sur lesquelles j'ai précédemment [1] fait connaître, en la motivant, ma propre manière de voir ; mais, heureusement, quelle que soit celle que l'on préfère et que l'on adopte, ce choix est tout à fait indifférent à la question particulière que je traite en ce moment. Quelle que soit la signification de chacun des trois hiéroglyphes et de chacun des termes du calendrier nominal (thot, tybi, pachons) que l'usage lui associe (sans motiver cette association), il n'en est pas moins vrai, encore une fois, que l'on ne saurait dénier à une date formulée comme l'est celle de la stèle, le caractère d'une date parfaitement égyptienne ; ce qui nous entraîne logiquement à cette conséquence, que l'ère à laquelle notre date se rapporte est elle-même une ère égyptienne ; et de là cette autre conséquence non moins irrésistible, que cette ère a pour point de départ nécessaire un lever héliaque de Sothis [2].

Quoi qu'il en soit, il ne peut être douteux, d'après ce qui précède, en premier lieu, que l'ère de la stèle n'a pu commencer autrement que par un premier thot, un premier tybi, ou un premier paschons. C'est ainsi que l'ère sothiaque commencé par un premier thot. L'ère de la stèle est-elle dans le même cas, ou plutôt n'a-t-elle pas pour enseigne un premier tybi ou un premier paschons ? Bien que ce soient là les seuls cas admissibles, la question peut paraître au premier abord, sinon insoluble, du moins fort difficile à élucider. Elle deviendra, au contraire, des plus faciles et des plus simples, si l'on veut bien m'accorder, ne serait-ce qu'à titre de simples postulatums, ces deux propositions, 1° que depuis le commencement de la XVIIIe dynastie jusqu'à l'époque

---

[1] *Revue archéol.*, nouv. série, t. X, p. 493 et suiv.

[2] En ce sens, comme on le voit, l'ère de Nabonassar n'est point une ère véritablement égyptienne, parce qu'elle n'a pas pour point de départ un lever de sothis [a]. C'est une ère simplement greffée sur le comput égyptien, mais sans toutefois s'y assimiler complétement.

[a] 26 février — 747 chronologique, 4 mois environ avant le solstice d'été.

d'Auguste, l'usage de l'année vague n'a point subi de solution de continuité, et 2° que la notation hiéroglyphique des saisons, telle que je l'ai définie plus haut, n'a jamais cessé de la représenter sur les monuments.

Il y a bien ici, j'en conviens, une sorte de contradiction apparente : car comment se peut-il faire, dira-t-on, qu'un système de notation, imaginé certainement pour représenter l'année agricole, demeure attaché à une année vague qui est avec elle (pour emprunter à la géométrie une de ses expressions) dans un rapport incommensurable? Ou bien, pour parler plus vulgairement, comment peut-on avoir adopté, pour symboliser les phénomènes de l'année naturelle, une notation qui ne s'accorde avec eux en toute rigueur qu'une seule fois en 1460 ans?

La contradiction signalée ici est réelle; elle n'est que la conséquence d'une erreur qui se trouvera expliquée plus tard. Mais quoi qu'il en soit à cet égard, mon premier postulatum se trouvera, je l'espère, suffisamment autorisé par les paroles mêmes de M. de Rougé lorsqu'il dit [1] que, « si nous ne re-« montons pas au delà de la XVIIIe dynastie,... la continuité « de l'année vague est assez bien établie pour que nous y « accordions une confiance entière ».

Quant au second postulatum, c'est-à-dire à la correspondance du calendrier nominal des années vagues de Nabonassar avec le calendrier hiéroglyphique des monuments, où en seraient les études égyptologiques, je le demande, s'il fallait considérer comme non avenus tous les travaux qui ont eu cette identité pour base. Je me borne à poser cette question aussi effrayante qu'elle est simple. Aucun égyptologue ne saurait me contredire sur ce point sans se sentir exposé à voir s'écrouler, faute de base, tous les travaux antérieurs[2], et jusqu'à ses propres travaux.

---

[1] *Revue archéolog.*, nouvelle série, t. IX: *Mémoire sur quelques phénomènes célestes.*

[2] Il s'agit ici, bien entendu, des travaux où la chronologie intervient d'une manière essentielle.

Tout cela bien entendu, et le système de la notation hiéroglyphique des divisions du temps n'ayant subi, par hypothèse, aucune solution de continuité dans son emploi, on reconnaîtra sans peine que les conditions de toute ère égyptienne, d'une ère fondée avant tout sur le lever héliaque de sothis, ne peuvent se trouver remplies que tous les 480 ans.

En effet, si le premier jour de l'année sothiaque met 120 ans à parcourir tous les jours d'un même mois vague, il met nécessairement 480 ans à passer du commencement d'une saison graphique au commencement d'une autre saison ; donc, d'après les conditions historiques du problème, ce ne peut être que 480 ans avant l'ère sothiaque, c'est-à-dire dans l'année astronomique 1801 avant Jésus-Christ, que l'ère de l'an 400 a pu commencer : car, si cela n'était pas, au lieu de remonter de 480 ans avant l'ère sothiaque, il faudrait doubler cet intervalle, le tripler, le quadrupler, etc., ce qui nous mettrait en contradiction flagrante avec toutes les données historiques du problème.

Maintenant, comme la question soulevée a nécessairement une solution, si l'on trouve la mienne insuffisante et peu rigoureuse, je demanderai la permission de lui appliquer la méthode employée en géométrie pour démontrer les propositions que l'on ne peut établir directement. Que l'on propose donc une solution différente de la mienne, et je crois qu'il ne sera pas difficile à quiconque connaît suffisamment les faits historiques, de faire, ce que peut-être je ne saurais faire moi-même, je veux dire de prouver l'impossibilité de cette autre solution, ou, pour employer le mot technique, de la *réduire à l'absurde*.

La mienne, au contraire, me paraît présenter plusieurs avantages et satisfaire à de nombreuses convenances que j'ai exposées dans une précédente communication[1], et sur lesquelles je ne veux pas revenir ici. Mais il est une circonstance,

---

[1] Lectures faites à l'Académie des Inscriptions en septembre et octobre 1864, réunies dans la *Revue archéologique* de décembre 1864.

celle de la date du jour, c'est-à-dire du 4 de mésori, dont je n'étais pas en mesure à cette époque d'apprécier toute l'importance, et sur laquelle exclusivement je dois insister aujourd'hui.

J'ai prouvé déjà (et c'est un simple fait de calcul tout à fait inattaquable) que le premier jour de paschons de l'an — 1801, jour où je place l'ère de la stèle, était le jour d'un lever officiel de Sothis, c'est-à-dire de son lever héliaque dans la basse Égypte, puisque, d'après le scholie d'Olympiodore invoqué par M. Letronne, c'est pour la latitude de Memphis que l'ère Sothiaque avait été établie, d'où il suit que Memphis était à cette haute époque l'observatoire central de l'Égypte. Donc le lever héliaque de Sothis en l'an 400, c'est-à-dire le 100e lever quadriennal depuis l'origine de l'ère, devait avoir lieu, sous les mêmes latitudes, c'est-à-dire sous le climat de 14 heures comme s'exprime Ptolémée, au 100e jour vague compté à partir du 1er paschons, ce qui conduit au 10 de mésori. Mais j'ai rappelé précédemment d'après Ptolémée [1], que le lever héliaque de Sothis avait lieu dans la haute Égypte, à Syène par exemple [2], 6 jours plus tôt, c'est-à-dire le 4 de mésori : la date de la stèle se trouve donc incontestablement coïncider ainsi avec le jour, connu d'avance et prédit, de la première apparition de Sothis sur l'horizon de l'empire égyptien à la fin de ces 400 années fixes, lesquelles comprenaient 400 années vagues et 100 jours de la 401e.

Me demandera-t-on maintenant pourquoi l'on n'a pas préféré attendre le 10 mésori, jour où Sothis devait apparaître au lieu même de l'érection de la stèle? Mais la raison en est évidente : l'instituteur du calendrier régnait exclusivement sur la basse Égypte; et, n'ayant pu observer le lever de Sothis que dans les limites de sa domination, il avait dû mettre en rapport avec ce fait fondamental, toute l'économie de son calendrier. Pour Ramsès c'est tout autre chose : son empire s'é-

---

[1] *Apparitions*; Halma, p. 49, et Wachsmuth, p. 252 et 253.
[2] Comparez les dernières découvertes faites par M. Mariette dans cette localité.

tendait sur la haute comme sur la basse Égypte ; et, soit que l'érection du monument eût eu lieu par ses ordres, soit que ce fût un acte de dévotion envers lui et ses ancêtres de la part du gouverneur de Tanis, la date du 4 de mésori (au lieu du 10), choisie pour le jour de la solennité, en même temps qu'elle était en réalité celle du premier lever de Sothis sur l'Égypte actuelle, devenait en outre une allusion toute naturelle à la grandeur du vaste empire de Ramsès, que l'astre de Sothis ne mettait pas moins de 6 jours à parcourir.

Une connaissance aussi précise des faits n'avait pu s'acquérir, on le conçoit, que par une longue suite d'observations continuées avec un soin rigoureux : aussi regardons-nous comme vraisemblable et même comme probable, que le serment destiné à devenir, à perpétuité, la sauvegarde du maintien de l'année de 365 jours, dut être institué, en même temps que cette forme d'année, par le roi Aseth (ou Seth?), le réformateur du calendrier, qui, par cette mesure de haute sagesse, aura voulu ménager et assurer à ses successeurs, le moyen de savoir un jour à quoi s'en tenir sur la véritable valeur de l'année naturelle.

Ainsi donc, au bout de 400 ans, l'expérience était faite ; elle était complète, puisque l'on savait prédire, à un jour près, à quel jour de l'année vague se lèverait Sothis sous telle ou telle latitude de l'Égypte.

Ce n'était pas trop qu'une stèle pour glorifier l'ancêtre à qui l'Égypte devait cette magnifique découverte : et si Ramsès n'était pas tout à fait dans son droit en réclamant pour luimême la descendance de Seth[1], au moins ne peut-on nier qu'il s'honorait grandement par l'hommage hors ligne qu'il rendait à ce sage pharaon.

On connaissait donc désormais la véritable valeur de l'année sothiaque ; mais cette valeur fractionnaire étant un obstacle

---

[1] On sait que ni Eusèbe, ni l'Africain, ne font mention d'Aseth, tandis que, suivant Josèphe, il serait le père d'Amosis, ou Thoutmosis, et deviendrait ainsi le chef de la XVIIIe dynastie.

à ce qu'on pût l'employer commodément aux usages civils, on crut devoir, pour ceux-ci, continuer à se servir de l'année vague, sauf à constater une fois pour toutes le rapport des longueurs respectives des deux sortes d'années. Quant à faire pratiquement usage de ce rapport, il fallut, pour n'apporter aucun trouble dans la supputation régulière des temps, attendre que les deux périodes trouvassent un point de repère commun : condition qui devait se rencontrer 80 ans après, en 1321, époque où le lever héliaque de Sothis aurait parcouru les 120 jours de la tétraménie de la chaleur ou de l'inondation.

Parvenu à l'époque de Ménophrès sur laquelle je n'ai rien à dire de nouveau, je reviens à la réforme d'Auguste.

On a vu précédemment que depuis l'an — 1321 jusqu'à l'an — 21, année de la première intercalation Alexandrine, il y a juste 1300 ans, dont le quart, ou 325, comme nous l'avons dit, marque le nombre de jours dont l'année sothiaque se trouvait en retard sur l'année vague. Substituée à celle-ci, l'année fixe Alexandrine, l'année κατ' Ἀλεξανδρεῖς, se trouvait donc en avance de 325 jours sur l'année Sothiaque officielle, ou, ce qui est la même chose, elle-même se trouvait en retard de 40 jours sur l'année Sothiaque antérieurement commencée. Donc, l'année Alexandrine commençant constamment (sauf le cas des années embolismiques) au 29 août, l'année Sothiaque commençait aussi constamment 40 jours plus tôt, c'est-à-dire au 20 juillet, le tout, sans préjudice de la marche de l'année vague antique, de l'année κατ' ἀρχαίους ou κατ' Αἰγυπτίους. Mais, laissant cette dernière de côté, et appliquant par extension la nomenclature des mois vagues, devenue celle des mois Alexandrins, à l'année Sothiaque (ce qui toutefois ne paraît pas avoir été d'usage antique), on pourra dire que l'année Sothiaque était parvenue à son premier thot quand l'année Alexandrine en était encore au 26 épiphi, et que le premier thot Alexandrin tombait en concordance avec le 11 épiphi de l'année Sothiaque. C'est ce qu'a pris à tâche de développer M. Brugsch, dans un ouvrage remarquable dont je dois la connaissance à mon savant confrère M. de Rougé : je veux parler des *Matériaux pour servir à la reconstruction du calendrier des anciens Égyptiens* (1864). L'auteur de cet ouvrage arrive à cette conséquence que j'extrais de ses conclusions, savoir « qu'au temps de l'empire romain en Égypte, auprès de l'année Alexandrine, année fixe (de 365 jours un quart) réservée pour la notation des dates dans la vie civile, les Égyptiens connaissaient une seconde année (fixe) dont le premier thot, jour du nouvel an, était signalé par le lever de l'étoile Sirius », mais que « les dates se rapportant à cette année réservée exclusivement pour l'usage sacré, étaient exprimées moyennant des éponymies de mois et des éponymies spéciales » ; et en outre, que « l'année Alexandrine entrait 40 jours après le lever de l'étoile Sirius », ou le commencement de l'année sacrée.

Ces dernières propositions, réduites aux termes dans lesquels je viens de les énoncer, et restreintes à l'époque de la domination romaine, ne présenteraient rien d'absolument contraire à ce que nous avons vu jusqu'ici, et par conséquent elles me paraîtraient devoir être admises sans trop de difficulté.

Mais M. Brugsch va plus loin : pour lui, le commencement de l'année sacrée ne coïncidait pas d'une manière absolue avec le 26 épiphi Alexandrin, mais tombait sur un jour variable depuis le 26 jusqu'au 30 de ce mois. En renversant la proposition, cela revient à dire que le 1er thot Alexandrin ne coïncidait pas d'une manière absolue avec le 11 épiphi sacré, mais avec une date qui variait du 7 au 11. Dans cette variabilité l'on pourrait encore soupçonner l'influence de la latitude ; mais les chiffres de M. Brugsch ne sont nullement conformes à ceux que l'on tirerait de la théorie de Ptolémée ; car, d'après cette théorie, le 1er thot de l'année sacrée, c'est-à-dire le lever de Sothis, devait coïncider, si l'on tient compte de la latitude, avec une date Alexandrine variable du 22 au 28 épiphi, et par suite, à l'inverse, le 1er thot Alexandrin devait correspondre, suivant la localité, à une date du calendrier sacré variable du 9 au 15 paophi, ce qui ne s'accorde pas du tout avec la théorie de M. Brugsch.

Ce n'est pas tout encore : cet éminent égyptologue croit trouver, dans les monuments, des preuves que l'année Alexandrine n'aurait pas été réellement établie par Auguste, mais qu'elle aurait été connue et employée avant l'époque romaine; de telle sorte que, suivant le même auteur, il aurait existé en Égypte, de temps immémorial, deux années fixes distantes l'une de l'autre de 40 jours.

Nous devons avouer que les moyens de contrôler ces assertions avec une autorité suffisante nous manquent de tous points. Nous avons pourtant le droit de dire qu'après avoir étudié avec tout le soin et toute l'attention possible le tableau des fêtes éponymes donné par M. Brugsch à la page 57 de son ouvrage, ainsi que les développements dont il l'accompagne, il est résulté pour nous de cette étude la conviction irrésistible, que le mois auquel se rapportent ces éponymies n'est autre que le mois lunaire, et que dans les dates des principales fêtes qui y sont signalées, ce sont les phases de la lune que l'on doit voir. Telle nous paraît être en effet la conséquence des rapprochements si heureusement groupés par M. Brugsch, d'abord relativement aux éponymies du premier jour ou de la néoménie que les Grecs appelaient ἔνη καὶ νέα, ensuite du 2ᵉ jour qui est celui de la première apparition véritable de la lune, puis du 6ᵉ jour où la lune est essentiellement μηνοειδής ou en forme de croissant, enfin du 15ᵉ jour ou jour de la pleine lune. M. Brugsch aurait pu ajouter les 7ᵉ et 23ᵉ jours, nommés tous deux, à ce que je vois, *heb denat, fête de la séparation* : ce sont les jours où ont lieu le premier et le dernier quartier et où la lune est dichotome, circonstance fort importante qui paraît avoir échappé à M. Brugsch. Ainsi donc, suivant moi, dans la multitude des cas où M. Brugsch est amené à signaler *la fête du nouvel an,* c'est *la fête de la nouvelle lune* qu'il faudrait dire, et le signe hiéroglyphique qui s'y rapporte ⚓, et qui, je l'ai entendu dire par M. de Rougé, indique un partage ou une dictinction, serait, je le pense, l'équivalent de l'expression grecque citée plus haut ἕνη καὶ νέα : ce signe jouerait donc pour les mois égyptiens le rôle que le *Janus bifrons* remplissait à l'égard de l'année romaine.

Je ferai valoir à l'appui de cette manière de voir un renseignement précieux que je dois encore à M. de Rougé : il s'agit d'une panégyrie ou fête du nouvel an (suivant M. Brugsch), mentionnée sur les rochers de Hammamât comme ayant eu lieu, en l'an 18 du roi Raméri, à la date du 27 épiphi. Or, M. de Rougé a fait cette remarque bien opportune, qu'une autre fête toute pareille se trouvait, sous le même roi et pour la même année, indiquée à Ouadi-Magarah comme ayant eu lieu au 8 mésori.

Du rapprochement de ces deux dates du 27 épiphi et du 8 mésori, il résulte avec évidence pour moi qu'elles ne sauraient appartenir à des commencements d'années dans le sens que l'on donne à ce mot d'année. Mais, si l'on remarque que du 8 mésori au 27 épiphi suivant, il y a juste 354 jours qui composent 12 mois lunaires, on regardera sans doute comme bien probable que les fêtes mentionnées sur les deux monuments se rapportent à des commencements de lunaisons, et non à des commencements d'années.

Il y a toutefois une légère difficulté, c'est que la date du 8 mésori paraîtrait devoir, pour nous conduire à une distance de 12 lunaisons, se rapporter à l'an 17 du roi Raméri, au lieu de l'an 18 : mais cette difficulté (je m'en rapporte aux égyptologues) n'est point insurmontable, et je n'y insiste pas.

Quiconque lira sans prévention les §§ 14 et suivants de l'ouvrage de M. Brugsch, se convaincra, je pense, non-seulement que les dates secondaires dont il est ici question se rapportent bien au cours de la lune, mais que M. Brugsch lui-même a donné toutes les raisons et dit tout ce qu'il fallait dire pour entraîner son lecteur à adopter cette irrésistible conclusion. Comment ensuite a-t-il été lui-même conduit à une conclusion toute différente? c'est ce qu'il me serait impossible de dire.

Que les notations et indications des phases du mois lunaire aient été, à des époques relativement modernes, par exemple à l'époque Alexandrine, transportées au mois solaire, c'est un fait hors de doute; mais, quant aux époques antérieures à la réforme d'Aseth, et encore bien des siècles après, c'est commettre, je pense, une grave erreur que de voir, dans les doubles dates si invinciblement constatées par M. Brugsch, autre chose que des points de correspondance avec le calendrier lunaire. Aussi M. Brugsch lui-même, pour arriver à en tirer une année fixe dont l'année Alexandrine n'aurait été que la continuation, est-il obligé d'admettre des commencements d'années dans une foule de cas où je ne puis voir, quant à moi, que des phases de la lune; mais, en même temps, l'éminent égyptologue ne peut échapper à cette conséquence, que son année fixe proleptique de l'année Alexandrine s'en écarte à chaque instant, en plus ou moins, dans des limites qui s'étendent à plusieurs jours. J'avoue qu'il me paraît impossible d'apporter des raisons solides à l'appui d'un semblable système. Au contraire, l'hypothèse du rôle que j'assigne à la lune, dans les doubles dates signalées par M. Brugsch, me semblerait puissamment corroborée par l'autorité d'un scholiaste de Platon[1] auquel on ne me paraissait pas avoir jusqu'ici fait assez d'attention.

Ὁ δὲ Σαίτης, dit le scholie auquel je fais allusion, προσέθηκε τῷ μηνὶ ὥρας ιβ', ὡς εἶναι ἡμερῶν λ', καὶ τῷ ἐνιαυτῷ ἡμέρας ε', καὶ γέγονεν ἡμερῶν τξε'.

C'est-à-dire « Saïtès (sans doute l'Aseth[2] de Josèphe) « ajouta 12 heures à chaque mois, de manière à le « porter à 30 jours; et il ajouta 5 jours à chaque an, de « manière à ce qu'il contînt 365 jours. »

De cet important scholie résulte donc qu'en réalité, comme on le voit, la réforme de Saïtès ou Aseth (n'importe comment on voudra l'appeler) aura consisté à rem-

---

[1] Sur le *Timée*; Bekker, p. 425.
[2] On trouve aussi les formes Seth, Suteck, etc.

placer par l'année vague de 365 jours, non pas une année imaginaire de 360 jours, comme Le Syncelle le dit en parlant d'Aseth, mais l'année lunaire.

Avant de terminer ce qui se rapporte à un sujet sur lequel ma compétence peut être si justement contestée, je dois dire et répéter que c'est à mon savant confrère M. de Rougé que je dois les indications qui m'ont permis d'aborder un point encore si obscur de la science égyptologique. C'est donc à lui en définitive qu'il appartient de faire, en dernier ressort, bonne justice des idées et de la théorie de M. Brugsch. Il me paraît d'ailleurs convenable, en tout état de cause, d'attendre que le savant prussien, par la publication du second volume qu'il annonce, ait lui-même développé son système, en établissant d'une manière plus complète les faits sur lesquels il entend l'appuyer. Il serait surtout important que M. Brugsch fît connaître d'une manière précise, non-seulement la place occupée par les monuments, leur provenance, mais encore, autant que cela est possible, l'époque de leur exécution, époque sur laquelle, on le sait par expérience, il est quelquefois si facile de se faire illusion.

Cette réserve faite, je crois pouvoir induire de tout ce qui précède les conclusions suivantes, que je n'ai certes pas la prétention de donner comme des propositions définitivement démontrées, mais que je n'hésite cependant pas à offrir comme étant ce que l'état actuel de la science me paraît présenter de plus probable.

1° Dès les temps les plus anciens, le lever héliaque de Sothis était le commencement de l'année sacrée égyptienne. Comme ce lever avait lieu à quelques jours près du solstice d'été, et qu'il était en quelque sorte le signal de l'inondation de l'Égypte, il était le régulateur des travaux agricoles et des fêtes qui y étaient naturellement liées ; c'est pour représenter les divisions de cette année que fut inventé le système de notation hiéroglyphique des saisons égyptiennes, notation si bien en rapport avec elles. Les épagomènes y figuraient nécessairement, au nombre de 5 au moins, peut-être au nombre de 6 quoique jusqu'à ce jour on n'ait pas trouvé d'exemple du sixième ; les égyptologues, toutefois, sont loin d'en nier la possibilité. Mais alors il faut croire que le nombre des épagomènes n'était déterminé qu'*a posteriori*, la variabilité du lever de l'étoile Sothis avec la latitude, ainsi que d'autres circonstances physiques, ne permettant pas aux prêtres égyptiens de se faire à l'avance une idée précise à cet égard.

2° Quant au calendrier civil, il me paraît avoir été, antérieurement à la XVIIIe dynastie, simplement lunaire ou lunisolaire, plutôt le second cas que le premier ; et le commencement de l'année civile était vraisemblablement fixé à la nouvelle lune qui suivait le solstice d'été. (Ce dernier point toutefois n'est qu'une conjecture.)

3° En l'an 1801 astronomique avant notre ère, au 1er paschons (20 juillet), jour du lever héliaque de sothis dans la basse Égypte (ère de la stèle de Mariette-Bey), l'année civile en usage fut officiellement remplacée par une année de 365 jours (dite année vague par les modernes), que l'on jugeait sensiblement égale à l'année naturelle : la notation de l'année sacrée lui fut en conséquence appliquée.

4° Mais dès l'année 1400 (érection de la stèle) on avait reconnu par expérience, que cette année vague avançait d'un jour tous les 4 ans sur l'année sothiaque ; on savait de plus prédire à jour fixe la date du lever de l'étoile suivant les divers climats, et l'on connaissait la distance de 6 jours qui existait entre les dates de ce lever aux latitudes extrêmes de l'Égypte.

5° En 1231, le lever héliaque de Sothis ayant parcouru tous les jours de la première tétraménie de l'année vague, et étant ainsi parvenu du premier paschons au premier thot, le rapport des deux années étant désormais constaté, savoir, que 1460 années caniculaires reproduisaient identiquement 1461 années vagues, la période sothiaque se trouva naturellement constituée.

6° Enfin, en l'an 21, l'année civile (année vague) fut allongée d'un quart de jour par Auguste qui la rendit ainsi égale à l'année caniculaire, mais en la faisant commencer 40 jours après le lever héliaque de Sirius.

Il resterait maintenant à traiter du calendrier macédonien des Ptolémées. Mais il convient pour cela d'attendre que, complétant le nouveau service qu'il rend à la science par la publication des papyrus du Louvre, (documents où se trouve comprise la *Science d'Eudoxe*), mon savant confrère M. Brunet de Presle nous ait mis à même de faire ce travail avec quelque chance de succès.

Extraits des Comptes-rendus des séances de l'Académie des Inscriptions et Belles-Lettres (mars à juillet 1867).

www.ingramcontent.com/pod-product-compliance
Lightning Source LLC
Chambersburg PA
CBHW060724050426
42451CB00010B/1619